Boost Your Productivity

Wie Sie durch Routinen im Alltag produktiver werden

Stephanie Neudorf

Bibliografische Information der Deutschen Nationalbibliothek

Die Deutsche Nationalbibliothek verzeichnet diese Publikation in der Deutschen Nationalbibliografie; detaillierte bibliografische Daten sind im Internet über http://dnb.dnb.de abrufbar.

ISBN Print: 9781796307900

© 2019 Arndt

Autor: Stephanie Neudorf
Umschlagfoto: Roquelio C. Solatorio

Herausgeber:
Fabian Arndt
Nordring 39
59929 Brilon

Das Werk, einschließlich seiner Teile, ist urheberrechtlich geschützt. Jede Verwertung außerhalb der engen Grenzen des Urheberrechtsgesetzes ist ohne Zustimmung des Verlages und des Autors unzulässig. Dies gilt insbesondere für die elektronische oder sonstige Vervielfältigung, Übersetzung, Verbreitung und öffentliche Zugänglichmachung.

Printed in Germany
By Amazon Distribution
GmbH, Leipzig

Inhaltsverzeichnis

Boost Your Productivity 7

Routine – langweilig oder produktiv? 5
Geben Sie Ihre Vorurteile gegenüber Routinen auf 6

Die Macht der Gewohnheit 8

So funktionieren Routinen 11
Positives Feedback und Wiederholung – so werden Routinen im Gehirn verankert 12
Trigger, automatisches Programm und Reward – so werden Routinen abgerufen 13
Uralt und blitzschnell – darum sitzen Gewohnheiten so fest 14

Produktive Glücklichmacher – warum Sie Routinen für sich nutzen sollten 17
Routinen sorgen für Qualität 17
Routinen strukturieren Ihren Alltag 18
Routinen setzen Energie frei 20
Routinen machen glücklich 21
Wann machen Routinen Sinn? 21

Eine Routine entwickeln - so geht's 24
So entwickeln Sie eine Routine 24
Was Sie beachten müssen, wenn Sie Ihre Routine planen 26
Tipps und Tricks zur Motivation 29
So finden Sie einen passenden Trigger 31

Ihr Weg zur perfekten Morgenroutine 37

Raus aus dem Bett - diese Gewohnheiten
helfen beim Aufstehen 40
Voll Energie in den Tag – Morgensport 43
Wie ein Kaiser - Tipps für Frühstück & Co 46
Ihr Motivationskick am Morgen - für gute
Stimmung und Produktivität 48

Welche Routinen Sie im Laufe des Tages einplanen sollten 52
Mehr Produktivität bei der Arbeit 52
Ganz entscheidend - die Freizeit 54

Ideen und Tipps für Ihre Abendroutine 56
Be prepared - Vorbereitung für morgen 57
Gute Nacht - diese Routinen unterstützen
einen erholsamen Schlaf 60

Kurz und knapp: Die wichtigsten Infos und Tipps zusammengefasst 63
So funktionieren Routinen: 63
So können Routinen helfen: 64
So entwickeln Sie eine Routine: 65
Ideen für Ihre Routine 65

Routine – langweilig oder produktiv?

Ich vermute mal, Sie haben sich noch nie Gedanken darübergemacht, welche Anzüge ein US-Präsident trägt. Und bestimmt haben Sie genauso wenig darauf geachtet, wie sich die Crème de la Crème des Silicon Valley kleidet. Schade eigentlich! Denn das ist durchaus aufschlussreich.

Mark Zuckerberg zum Beispiel trägt immer das gleiche graue T-Shirt. Nicht exakt dasselbe natürlich – er hat sicher eine Menge davon. Warum hat ein so interessanter und wichtiger Mann so langweilige Kleidungsgewohnheiten? Aber es wird noch extremer: Barack Obama trug während seiner Zeit als US-Präsident nur blaue oder graue Anzüge. Eigentlich merkwürdig, wenn man bedenkt, wie viel Aufwand andere Berühmtheiten in ihre Garderobe stecken. Steht es einem US-Präsidenten nicht besser, durch etwas Variation sein modisches Bewusstsein zur Schau zu stellen? Aber Obama hat diese Wahl nicht aus Nachlässigkeit getroffen. Es

steckt eine Strategie dahinter – und die hat er einmal in einem Interview erklärt:
Ich will nicht entscheiden müssen, was ich esse oder anziehe. Ich habe zu viele andere Entscheidungen zu treffen. Ich muss meine Entscheidungskraft konzentrieren. Deswegen schaffe ich mir Routinen."

Wissenschaftler haben herausgefunden, dass wir nicht unbegrenzt Energie für Entscheidungen zur Verfügung haben. Je mehr Entscheidungen wir treffen, desto mehr stellt sich eine "Entscheidungsmüdigkeit" ein. Wenn wir also für wichtige Entscheidungen im Besitz der vollen Energie sein wollen, müssen wir uns diese aufsparen. Je mehr unwichtige Alltagsentscheidungen wir zur Routine machen, desto besser können wir Entscheidungen treffen, die uns tatsächlich wichtig sind. Das zeigen uns einige der größten Entscheidungsträger der Welt an ihrer Lebensweise.

Geben Sie Ihre Vorurteile gegenüber Routinen auf

Sind also Routinen möglicherweise gar nicht so langweilig, wie wir oft denken? Hat immer dasselbe zu tun vielleicht eine Menge Vorteile? Ich bin der Meinung: Ja! Unsere Vorurteile gegenüber Gewohnheiten und Routinen machen uns blind dafür, wie sehr uns Routinen helfen können, in unserem Alltag produktiver zu werden.

Ich merke schon, wie sich in Ihnen Widerstand regt: "Was? Ich soll mein ganzes restliches Leben dasselbe tragen, dasselbe essen und in meiner Freizeit dieselben Dinge tun?" Nein, das ist damit nicht gemeint. Vor allem einmal geht es darum, kleine, nebensächliche Alltagsentscheidungen zur Routine zu machen. Und das haben Sie intuitiv längst getan: Sie denken beim Fahrradfahren nicht darüber nach, welche Bewegungen Sie in welcher Reihenfolge ausführen. Beim Zähneputzen entscheiden Sie nicht bewusst, in welche Richtung Sie Ihre Zahnbürste als nächstes schieben wollen. Und wenn Sie Suppe essen, überlegen Sie nicht, was Sie jetzt tun werden, um die heiße Flüssigkeit herunterzuschlucken. Das alles ist natürlich nur ein bestimmter Typ von Routine: motorische Gewohnheiten, Routinen Ihres Körpers. Aber das zeigt, dass Ihr Organismus ziemlich gut darin ist, immer wieder auftretende, nebensächliche Aufgaben zur

Routine zu machen. So müssen Sie nicht mehr bewusst darüber nachdenken und können Ihre Konzentration auf andere Dinge richten. Stellen Sie sich nur mal vor, Sie müssten ständig darüber nachdenken, wie Sie jetzt gleich einatmen und ausatmen werden. Sie könnten sich nicht einmal darauf konzentrieren, diesen Text hier zu lesen, geschweige denn darauf, zu arbeiten oder Auto zu fahren.

Ich rate Ihnen nicht, Ihr ganzes Leben streng durchzuplanen und keinen Raum mehr für Spontaneität zu lassen. Das wäre auch gar nicht möglich. Aber wenn Sie diese körperlichen Routinen etwas ausweiten, können Sie noch bei vielen anderen Nebensächlichkeiten Energie sparen. Dadurch werden Sie produktiver, haben mehr Energie und Zeit für neue Ideen und Projekte. Und noch dazu werden Sie gesünder! Denn Routinen helfen Ihnen auch, schlechte Gewohnheiten zu vermeiden.

Die Macht der Gewohnheit

Kennen Sie das? Eigentlich wollten Sie heute einmal früher ins Bett gehen. Aber dann hat Ihnen noch eine alte Freundin auf WhatsApp geschrieben. Der mussten Sie natürlich antworten. Anschließend haben Sie noch schnell ein paar Fotos von heute in Ihre Instagram-Story gestellt und die Stories von Ihren Freunden angesehen. Dabei sind Sie auf einen Artikel von einer Reisebloggerin gestoßen, die sensationelle Tipps für günstige Reiseziele hat. Und schließlich hat Ihnen Ihr Bruder ein lustiges YouTube-Video geschickt, das Sie ebenfalls angeschaut haben. Dabei sind Sie irgendwie hängengeblieben und merken nach dem siebten Video über lustige Fails: Sie haben gerade über eine Stunde am Handy verbracht. Dabei sind Sie zwar auf einige ganz interessante Sachen gestoßen, aber das meiste hätten Sie sich auch sparen können. Dafür ist es wieder fast Mitternacht und das frühe Schlafengehen hat wieder einmal nicht hingehauen. Mist! Sie werden also morgen wieder gähnend auf der Arbeit erscheinen – dabei haben Sie dieses wichtige Meeting, bei dem Sie eigentlich einen guten Eindruck machen wollen.

Oder finden Sie sich in dieser Situation wieder? Sie haben sich vorgenommen, wieder regelmäßig Joggen zu gehen. Aber am Montag haben Sie es auf Dienstag verschoben. Sie haben ja schließlich noch die ganze Woche Zeit! Am Dienstag konnten Sie sich irgendwie auch nicht aufraffen. Mittwoch war ein total anstrengender Tag auf der Arbeit – danach auch noch Joggen zu gehen, ist wirklich zu viel verlangt! Aber heute schüttet es in Strömen und morgen sind Sie bei Ihrer Schwester zum Abendessen eingeladen. Schon wieder eine Woche vorbei, ohne dass Sie Ihren Vorsatz in die Tat umgesetzt haben. Zu dumm aber auch, dass ständig etwas dazwischenkommt.

Was ich damit sagen will: Wir nehmen uns oft Dinge vor, die uns wirklich guttun. Genug Schlaf ist wichtig, Bewegung auch. Beides hilft uns, auf Dauer gesund und leistungsfähig zu sein. Aber obwohl wir wirklich davon überzeugt sind, dass wir das tun wollen, kriegen wir es nicht auf die Reihe. Wenn wir das merken, fühlen wir uns unzulänglich. Kann es denn so schwer sein, rechtzeitig schlafen zu gehen? Das Handy beiseitezulegen, um etwas Sinnvolleres zu tun? Einmal in der Woche Joggen zu gehen? Einen Apfel zu essen statt Schokolade? Irgendwie sind wir doch ziemlich unfähig, wenn wir solche kleinen Dinge nicht hinkriegen. Oder? Nein. Denn wir haben uns die alten Verhaltensweisen jahrelang, zum Teil jahrzehntelang antrainiert. Solche Gewohnheiten haben ziemlich viel Macht über uns und es ist nicht leicht, sie "einfach mal so" umzustellen. Die gute Nachricht ist aber: Es ist möglich! Es gibt ein paar hilfreiche Tricks, wie Sie alte Gewohnheiten loswerden und sich neue antrainieren. Neue, die Sie produktiver machen, leistungsfähiger, gesünder, glücklicher, ... was auch immer Sie sich vorgenommen haben!

So funktionieren Routinen

Aber wie entstehen Routinen? Wo werden sie im Gehirn abgespeichert? Und was passiert, wenn sie abgerufen werden? Das Online-Lexikon für Psychologie und Pädagogik definiert Routine als eine "Handlungsabfolge, die durch vielfältige Wiederholung zur Gewohnheit geworden ist." Über Routinen müssen Sie nicht mehr bewusst nachdenken, sie laufen automatisch ab. Die Grundlagen davon zu verstehen, wie Routinen in Ihrem Gehirn verarbeitet werden, hilft Ihnen dabei, schlechte Gewohnheiten loszuwerden und neue, sinnvolle Routinen einzuüben. Deshalb eine kurze Erklärung:

Positives Feedback und Wiederholung – so werden Routinen im Gehirn verankert

Angenommen, Sie haben angefangen, Klavier zu lernen. Ihre Finger liegen auf den Klaviertasten und Sie beginnen mit einer ganz einfachen kleinen Tonfolge: C, E, G, E, F, E, C. Wenn Sie diese Handbewegung zum ersten Mal ausführen, konzentrieren Sie sich bewusst darauf. Ihr Körper wickelt den Vorgang in einem Gehirnteil ab, der "präfrontaler Kortex" heißt, noch genauer gesagt: im Motorcortex. Das ist der Teil Ihres Gehirns, der Bewegungen steuert und kontrolliert – zum Beispiel die Fingerbewegungen beim Klavierspielen. Bekommen Sie auf diese Bewegungsabfolge ein positives Feedback, werden Sie sie wiederholen. Diese positive Rückmeldung kann zum Beispiel ein Lob Ihres Klavierlehrers sein oder einfach die Tatsache, dass Sie merken: Das war richtig! Die Melodie klingt so, wie sie klingen soll. Sie werden also wieder auf diesen Bewegungsablauf zurückgreifen, wenn Sie die Tonfolge spielen wollen. Wenn Sie nun eine Handlungsabfolge öfter ausführen, wird sie in anderen Gehirnteilen verarbeitet: im Kleinhirn und in den Basalganglien. Das Kleinhirn ist dafür verantwortlich, dass Bewegungsabläufe koordiniert und gelernt werden. Dadurch entwickelt sich Ihre kleine Melodie mit der Zeit zu einer Routine und als solche wird sie in den Basalganglien abgespeichert. Dieser Hirnteil ist nämlich zuständig für Ausführen und Speichern von Handlungsmustern – sowohl von motorischen als auch nicht-motorischen.

Trigger, automatisches Programm und Reward – so werden Routinen abgerufen

Ist der Bewegungsablauf erst als fixes Handlungsmuster abgespeichert, können Sie die Melodie auch spielen, ohne sich darauf konzentrieren zu müssen, dass Sie die richtigen Tasten erwischen. Sie können dann zum Beispiel beginnen, mit der linken Hand Basstöne oder Akkorde dazu zuspielen. Denn dadurch, dass der Bewegungsablauf sozusagen als automatisches Programm abgespeichert ist, spart Ihr Gehirn Energie und kann diese auf andere Dinge verwenden. Diese "Energiesparmodus" ist aber nur aktiv, während das Programm läuft – nicht am Beginn und Ende des Bewegungsablaufes. Zunächst muss das Gehirn ja erkennen, dass das Handlungsmuster jetzt aktiviert und abgespielt werden soll. Dazu braucht es einen sogenannten "Trigger", einen Auslösereiz. Wenn Sie sich also ans Klavier setzen und Ihren Daumen auf die C-Taste legen, kann das ein solcher Trigger sein und Ihr Gehirn startet das Programm. Am Ende der Handlung prüft Ihr Gehirn, ob es die Belohnung erhält, die es erwartet hat: die positive Reaktion. Klingt die Melodie richtig? Mit der Zeit funktioniert die Routine dann auch ohne diesen Reward.

Uralt und blitzschnell – darum sitzen Gewohnheiten so fest

Routinen, die automatisch ablaufen und Energie für andere Dinge freisetzen – das klingt alles ziemlich perfekt. Das Problem an der Sache ist nur: Diese Routinen sind ganz schön fest in Ihrem Gehirn verankert. Wenn Sie sich beim Klavierspielen eine Melodie einmal falsch eingelernt haben, zum Beispiel mit einem ungünstigen Fingersatz, ist es extrem schwer, diesen Bewegungsablauf wieder zu löschen oder umzuprogrammieren. Beim Klavierspielen ist das für Sie vielleicht kein so großes Problem: Da Sie so spät begonnen haben, erwarten Sie ohnehin nicht mehr, ein bekannter Klavierprofi zu werden. Es gibt aber eine Menge Handlungsmuster in Ihrem Leben, die auf dieselbe Art funktionieren. Statt zu einem Apfel greifen Sie nach einem anstrengenden Meeting zu Schokolade – obwohl Sie wissen, dass der Apfel Ihnen eigentlich besser tun würde. Statt Joggen zu gehen, vergammeln Sie den Abend auf dem Sofa. Nach einem Misserfolg denken Sie wie von selbst: "Ich werde das nie schaffen, ich bin zu schlecht", auch wenn Sie wissen, dass diese negative Einstellung Ihr größtes Hindernis dabei ist, es tatsächlich hinzukriegen. Warum passieren uns solche Dinge immer wieder? Warum können wir als rationale Menschen solche Automatismen nicht einfach stoppen?

Die Basalganglien, in denen Mechanismen wie Ihr Griff zur Schokolade und Ihr negatives Denkmuster abgespeichert sind, sind uralt. Bereits die Dinosaurier hatten Basalganglien. Routine und Wiederholung haben ihnen lange Zeit geholfen zu überleben. Den präfrontalen Kortex dagegen haben nur hochentwickelte Säugetiere wie wir Menschen. Er ist erst viel später in der Geschichte der Evolution dazugekommen. Deswegen hat er als "neuer Hirnteil" keinen Einfluss auf die wesentlich älteren Teile. Die Abläufe in den Basalganglien funktionieren blitzschnell. Überlebensmechanismen mussten ohne die geringste Verzögerung abgerufen werden können, sonst wären sie nutzlos gewesen. Deswegen werden auch heute noch die Routinen in unserem Gehirn aktiviert, lange bevor wir beginnen, bewusst darüber nachzudenken. Mit unserem bewussten Denken können wir diese Prozesse gar nicht schnell genug stoppen. Doch genug von diesen negativen Seiten der Gewohnheit. Die gute Nachricht ist: Routinen können eine Menge Positives in Ihrem Leben bewirken. Und wenn Sie sie richtig einsetzen, können sie nebenbei sogar noch dazu beitragen, die destruktiven Verhaltensmuster loszuwerden.

Produktive Glücklichmacher – warum Sie Routinen für sich nutzen sollten

Routinen haben einige klare Vorteile, wenn Sie sie für sich zu nutzen wissen: Sie sorgen für Qualität, strukturieren Ihren Alltag, setzen Energie frei. Und sie machen sogar glücklich! Kaum vorstellbar? Es ist aber wahr.

Routinen sorgen für Qualität

Automatische Handlungsmuster sind so fest einprogrammiert, dass Sie gar nicht mehr darüber nachdenken müssen, was Sie eigentlich tun. Sie machen es automatisch richtig. Das ist ziemlich praktisch. Denn wenn Sie Handlungen bewusst steuern, schleichen sich immer wieder Fehler ein – auch wenn Sie eigentlich wissen, wie es geht. Die abgespeicherten Gewohnheiten jedoch funktionieren ganz ohne Ihr Bewusstsein und sind so fest verankert, dass praktisch nie Fehler passieren. Vorausgesetzt natürlich, Sie haben sie sich richtig eingelernt. Ins Stolpern kommen Sie nur, wenn sich mitten in der Handlung Ihr

Verstand einschaltet. Wenn Sie tatsächlich Klavier spielen können, kennen Sie das vielleicht: Während einer komplizierten Tonfolge, die Sie lange geübt haben und aus dem Effeff können, meldet sich plötzlich Ihr Bewusstsein. Es will gern kontrollieren und sicherstellen, dass Sie die Tonfolge auch richtig spielen – sie ist ja schließlich sehr schwer. Der Verstand schaltet sich aber erst ein, nachdem der Automatismus längt begonnen hat – denn wie wir gelernt haben, ist der ja viel schneller. So bringt er den Automatismus durcheinander und Ihnen passiert ein Fehler. Diesen Fall gibt es nicht nur beim Klavierspielen, sondern auch bei automatisierten Bewegungsabläufen im Sport und bei komplexeren Handlungen, zum Beispiel in Ihrem Job. Die Automatismen funktionieren einfach zuverlässiger als Ihr Bewusstsein, sofern sie richtig abgespeichert wurden. So sorgen Routinen für Qualität bei dem, was Sie tun. Sie helfen Ihnen, Fehler zu vermeiden und schaffen Sicherheit, dass Ihre Arbeit richtig ausgeführt wird.

Routinen strukturieren Ihren Alltag

Ich weiß nicht, ob Sie das kennen, aber ich vertrödele oft Zeit. Nicht so sehr, wenn ich arbeite, aber umso mehr, wenn ich zu Hause bin. Ich bin gerade mit dem Abendessen fertig. Aber ich trage nicht gleich meinen Teller in die Küche und mache weiter mit den anderen Dingen, die ich an diesem Abend noch tun will. Stattdessen blättere ich durch einige Prospekte, die herumliegen, werfe einen Blick auf mein Handy und scrolle ein bisschen durch Facebook. Bis ich dann meinen Teller aufräume und produktiv weitermache, vergeht einige Zeit. Wenn ich jetzt noch mein Wohnzimmer aufräumen und das dringend fällige E-Mail an meine Versicherung schreiben will, bleibt mir schon wieder keine Zeit, vor dem Schlafengehen noch zu lesen. Diese Zeiten, in denen ich Zeit verplempere, habe ich aber nur an den Stellen in meinem Tag, für die ich keine Routine habe. Im "luftleeren Raum" zwischen zwei Aufgaben passiert es leicht, dass ich irgendetwas Nutzloses tue und mich anschließend darüber ärgere. Aber wenn ich eine Routine entwickelt habe, beginne ich ganz automatisch gleich mit der nächsten Aufgabe. Ich spare mir die unproduktive Zwischenzeit, weil die Routine meinen Alltag strukturiert und ich mich nicht ständig neu dazu entscheiden muss, jetzt produktiv weiterzumachen. Ich bin übrigens nicht der Meinung, dass jede Minute Ihres Alltags durchgeplant und produktiv genutzt werden muss. Sie brauchen auch Zeiten, wo Sie unproduktiv sein und Zeit verplempern dürfen. Aber allzu oft passiert es uns, dass wir dort herumtrödeln, wo wir es uns eigentlich nicht leisten können – oder wollen. Hier machen Routinen wirklich Sinn. Übrigens: Wofür Routinen sinnvoll sind und wofür nicht, erkläre ich Ihnen gleich noch.

Routinen setzen Energie frei

Um produktivere Prozesse zu entwickeln, muss man die Energiefresser ausfindig machen. Und der ist in Ihrem Körper ganz klar das Gehirn. Es wiegt etwa 1300 bis 1500 Gramm, das sind etwa zwei Prozent Ihres Körpergewichtes. Es verbraucht aber fast 20 Prozent des Energieumsatzes in Ihrem Körper – und dieser Wert wäre noch ganz entscheidend höher, wenn es keine Routinen gäbe. Ich habe Ihnen vorhin schon erklärt, wie Ihr Körper durch Routinen Energie spart. Ihr Gehirn muss weniger Arbeit leisten für dieselbe Tätigkeit. Und es schafft die Tätigkeit wesentlich schneller. Diese Zeit und Energie können Sie dann anderweitig einsetzen. Routinen schaffen Ihnen also Raum für neue Projekte und Ideen. Wenn Sie viele nebensächliche Alltagsentscheidungen routinieren, haben Sie mehr Energie übrig, um die wirklich wichtigen Entscheidungen zu treffen.

Routinen machen glücklich

Aber das Beste kommt noch: Routinen machen Sie glücklich! Immer, wenn Sie eine Gewohnheit ausführen, schüttet das Gehirn nämlich Glückshormone aus. Dabei handelt es sich um eine Mischung aus körpereigenen Opioiden und Serotonin. Wenn diese Stoffe in einer bestimmten Menge im Körper vorhanden sind, sorgen sie dafür, dass Sie gute Laune und eine gesunde Stressresistenz haben und entspannt schlafen können. Und genau diese Substanzen werden ausgeschüttet, wenn Sie Ihre Gewohnheiten befolgen.

Wann machen Routinen Sinn?

Routinen sind aber kein Zaubermittel für alles und jedes. Sie machen in bestimmten Situation Sinn und können sehr nützlich sein. In anderen sind sie dagegen hinderlich und funktionieren nicht. Deswegen sollten Sie wissen, wofür und wann Sie Routinen sinnvoll einsetzen können.

Routinen funktionieren richtig gut in wiederkehrenden Situationen. Wenn ein Zustand regelmäßig mit gleichen oder ähnlichen Bedingungen auftritt, macht es absolut Sinn, sich die Reaktion darauf anzugewöhnen. Auch für Situationen, in denen schnelle Entscheidungen getroffen werden müssen, können Routinen hilfreich sein. Denn wie wir wissen, werden Gewohnheiten sehr viel schneller abgerufen als Sie eine bewusste Entscheidung treffen könnten. Für Situationen aber, die sich ständig verändern und bei denen immer wieder neue Bedingungen auftreten, macht Routine keinen Sinn. Es gibt keine Reaktion, die für alle Fälle funktioniert. Das Problem ist nämlich generell: Wenn wir für eine Situation eine Gewohnheit entwickelt haben, spulen wir sie immer wieder in der Situation ab – sogar dann, wenn die Belohnung ausbleibt oder wir eine negative Reaktion darauf bekommen. Wir haben die Routine so tief eingespeichert, dass wir übersehen, dass die Situation sich vielleicht verändert hat und ein anderes Verhalten angemessen oder hilfreich wäre. Das nennt sich "Routinefehler". Vielleicht hilft auch die Unterscheidung in Makro- und Mikro-Gewohnheiten. Unzählige kleine Alltagsdinge lassen sich sinnvoll zur Routine machen – zum Beispiel, nach dem Aufstehen gleich ein Glas Wasser zu trinken oder eine Klopapierrolle sofort auszutauschen, wenn sie leer ist. Solche Routinen nennt man Mikro-Gewohnheiten. Einige etwas größere Dinge können auch gut etwas Gewohnheit gebrauchen: eine bestimmte Routine am Morgen kann Ihnen zum Beispiel helfen, gut in den Tag zu starten. Hier ist es sinnvoll, wenn Sie nicht jeden Morgen neu in Ihrer Müdigkeitstrance die Entscheidung dazu treffen müssen. Wenn Sie jedoch anfangen würden, jedes Jahr am selben Ort Urlaub zu machen, weil Sie sich gezwungen fühlen, alle Aspekte Ihres Lebens zur Routine zu machen, ist das vielleicht weniger sinnvoll. Sie sparen dabei zwar Zeit bei der Entscheidung und Urlaubsplanung, aber wenn Sie nicht gerade ein absolutes "Urlaubs-Gewohnheitstier" sind, werden Ihnen diese Urlaube bald schon nicht mehr allzu viel Freude machen. Kurz gesagt also: Mikro-Gewohnheiten ja, Makro-Gewohnheiten vielleicht eher nicht.

Eine Routine entwickeln - so geht's

Sie denken jetzt vielleicht: "Eine Routine zu starten, kann doch nicht so schwer sein! Ich muss es einfach ein paarmal machen und schon habe ich es mir angewöhnt." Grundsätzlich haben Sie recht: Das Wichtigste beim Entwickeln einer Routine ist die Wiederholung. Es gibt aber einige Prinzipien, die es zu beachten gilt, wenn Sie die Routine wirklich erfolgreich einüben und Frustration vermeiden wollen. Deshalb habe ich hier einige ganz konkrete Tipps und Tricks für Sie zusammengestellt.

So entwickeln Sie eine Routine

Sie haben sich vorgenommen, eine neue Gewohnheit zu etablieren. So läuft das ab:

1. Motivation entdecken: Sie denken darüber nach, warum Sie diese Routine einüben wollen und halten Ihre Motivation schriftlich fest.

2. Trigger auswählen: Sie suchen sich einen Auslösereiz für die Routine.

Beugen Sie dabei typischen Ausreden vor! Es darf Sie nach dem Trigger nicht mehr als 20 Sekunden kosten, mit der Handlung zu beginnen.

3. Zur Gewohnheit machen: Wiederholen Sie die Handlungsfolge immer und immer wieder. Studien zeigen, dass es zwischen 18 und 200 Tage dauert, bis etwas zur Gewohnheit geworden ist. Im Schnitt brauchen Menschen etwa zwei Monate. In dieser Zeit helfen Apps oder Erinnerungen, an Ihre Routine zu denken.

4. Belohnung einbauen: Belohnen Sie sich bewusst dafür, dass Sie die Handlung durchführen, die Sie einüben wollen. Es sollte eine konkrete, sofort spürbare Belohnung sein und keine abstrakte Folge wie "Irgendwann bin ich dann schlank". Sie sollten sich nicht immer mit derselben Sache im selben Abstand belohnen - sonst wird sie zur Gewohnheit und ist damit als Belohnung nutzlos.

Das klingt einfach genug. Wahrscheinlich können Sie sich denken, dass es trotzdem noch einige Hindernisse zu überwinden gibt. Wie planen Sie Ihre Routine so, dass Sie eine Chance haben, sie auch durchzuhalten? Wie finden Sie den richtigen Trigger? Und vor allem: Wie können Sie sich motivieren, am Ball zu bleiben?

Was Sie beachten müssen, wenn Sie Ihre Routine planen

Eine Routine zu schaffen, kostet Energie und Zeit

Eine Routine schafft man nicht in fünf Minuten. Es kostet Zeit und auch Kraft. Wenn Ihr Tag schon anstrengend war und Sie nun noch versuchen, sich eine neue Routine anzugewöhnen, haben Sie viel weniger Chancen auf Erfolg. Versuchen Sie, wenn irgendwie möglich, sich Ruhe und Raum zu schaffen, um die Gewohnheit einzuüben. Wenn Sie gerade eine Zeit vor sich haben, die sehr stressig oder kräfteraubend ist, sollten Sie zumindest überlegen, ob Sie wirklich jetzt versuchen wollen, die Routine zu starten. Vielleicht ist es in ein paar Wochen wieder ruhiger? Nehmen Sie das aber nicht als Ausrede. Wenn Sie wirklich mit einer neuen Gewohnheit beginnen wollen, sollten Sie das auch zeitnah tun können.

Weniger ist mehr

Vielleicht sind Sie im Moment so begeistert von Routinen, dass Sie gleich zehn Ideen für gute neue Gewohnheiten haben. Lassen Sie sich warnen: Manchmal ist weniger mehr. Sie sollten nicht mehrere Gewohnheiten gleichzeitig neu einführen, nur eine oder maximal zwei auf einmal. Sonst halten Sie vermutlich keine davon durch und sind am Ende nur frustriert.

Planen Sie möglichst konkret

"Ich möchte wieder mehr Sport machen" ist zwar ein löblicher Vorsatz, hat aber eher wenig Chance auf Erfolg. Wenn Sie sich eine Routine schaffen, sollten Sie möglichst genau festlegen, wie oft Sie welchen konkreten Sport betreiben wollen und zu welchem Zeitpunkt. Überlegen Sie sich alles so konkret wie möglich, damit Sie genau wissen, was Sie tun müssen, um Ihre Routine zu erfüllen. So können Sie sich nicht durchschummeln!

Die MMM-Regel

Um die Planung Ihrer Routine zu überprüfen, gibt es eine einfache Möglichkeit: die MMM-Regel. Das erste "M" steht für "messbar". Damit werden Sie noch einmal daran erinnert, möglichst präzise zu planen. Ein konkreter Vorsatz könnte lauten: "Ich gehe ab jetzt jeden Tag zwei Stunden ins Fitnessstudio." Das heißt aber noch lange nicht, dass dieser Vorsatz tatsächlich sinnvoll durchführbar ist. Vermutlich sind zwei Stunden pro Tag nicht wirklich realistisch, wenn Sie einen Vollzeitjob und noch ein paar andere Aktivitäten in Ihrem Terminkalender haben. Deswegen sollten Sie überprüfen, ob Ihr Vorsatz tatsächlich "machbar" ist. Dafür steht das zweite "M". Vielleicht ist auch das Fitnessstudio nicht der ideale Ort, wenn Sie zum Beispiel ein Mensch sind, der lieber draußen ist. Ihre neue Routine sollte "motivierend" für Sie sein, besagt das dritte "M". Versuchen Sie also, Ihren Vorsatz so zu fassen, dass er Sie motiviert. Wenn das nicht direkt mit dem

Vorsatz klappt, reicht im Notfall auch die externe Motivation: der Reward, den Sie sich suchen.

Tipps und Tricks zur Motivation

Versprechen Sie sich eine Belohnung

Gerade wenn ihr Vorsatz nicht in sich schon motivierend für Sie ist und Ihnen Spaß macht, sollten Sie sich einen Reward suchen, der Sie wirklich motiviert. Zum Beispiel könnten Sie, nachdem sie fünfmal im Fitnessstudio waren, als Belohnung schön Essen gehen.

Verknüpfen Sie die Gewohnheit mit etwas, das Ihnen Spaß macht

Wenn mir eine Gewohnheit besonders schwerfällt, versuche ich, sie mit etwas zu kombinieren, was mir richtig Spaß macht. Besonders einfach geht das bei Aktivitäten, die keine ständige Konzentration erfordern. Zum Beispiel könnten Sie auf dem Cross-Fit-Trainer ihre aktuelle Lieblingsserie ansehen. Da hat man doch gleich viel mehr Lust auf

Sport, oder? Noch besser: Sie erlauben sich nur während des Sports das Weiterschauen. Das funktioniert übrigens auch beim Bügeln, Wäsche-Zusammenlegen und so weiter. Wenn Sie sich etwas angewöhnen wollen, wobei Sie konzentriert sein müssen, können Sie beiden Aktivitäten auch zeitlich hintereinander verknüpfen: Immer nachdem Sie eine Lektion Italienisch gelernt haben, erlauben Sie sich, die nächste Folge Ihrer Lieblingsserie anzuschauen. Wenn Sie ein bisschen kreativ sind, finden Sie so bestimmt auch für Ihre neue Gewohnheit eine gute Lösung.

Mentales Kontrastieren

Eine hilfreiche Möglichkeit, sich Ihre Motivation bewusst zu machen und Hindernisse aus dem Weg zu räumen, ist das sogenannte "Mentale Kontrastieren". Dabei malen Sie sich die Zukunft, auf die Sie hinarbeiten, in den schönsten Farben aus - in Gedanken oder auch schriftlich. Wenn Sie ein richtig lebhaftes Bild davon im Kopf haben, wie schön es sein wird, wenn Sie ihre neue Routine erfolgreich umgesetzt haben, machen Sie den Hindernis-Check: Was könnte Sie davon abhalten, diesen Plan tatsächlich in die Tat umzusetzen. Lassen Sie diesen Schritt nicht aus! Denn so können Sie konkret planen, wie Sie Ausreden vorbeugen und diese Hindernisse vermeiden können.

Nutzen Sie Ihr soziales Umfeld

Wenn Sie befürchten, dass Sie auf sich allein gestellt schnell die Motivation verlieren, dann nutzen Sie Ihr soziales Umfeld. Verabreden Sie sich zum Beispiel mit einer Freundin, um gemeinsam ins Fitnessstudio zu gehen. So können Sie nicht mehr zurück: Wenn Sie eine Ausrede suchen, lassen Sie Ihre Freundin hängen. Das ist meistens eine Extra-Motivation und hilft Ihnen, am Ball zu bleiben.

So finden Sie einen passenden Trigger

Wenn-Dann-Pläne

Ihren Trigger können Sie gut mit sogenannten "Wenn-Dann-Plänen" finden. Überlegen Sie sich zunächst grob, ob Sie die neue Gewohnheit zu einer bestimmten Zeit des Tages ausüben wollen. Dann suchen Sie sich ein Ereignis, was an dieser Stelle in Ihrem Tag verlässlich passiert und verknüpfen Sie es mit der Routine. *Wenn* das Ereignis eintritt, *dann* starten Sie Ihre neue Gewohnheit. Zum Beispiel: Wenn ich von der Arbeit nach Hause komme, gehe ich gleich ins Fitnessstudio. Das heißt: In dem Moment, wo Sie zur Tür hereinkommen, starten Sie das Handlungsmuster. Sie greifen sofort nach Ihrer Sporttasche und machen sich auf den Weg.

Machen Sie es sich leicht

Wählen Sie einen Trigger aus, der nicht selbst schon Energie oder Überwindung kostet. Wenn nötig, planen Sie Ihren Trigger in zwei Schritten. Wollen Sie am Morgen Joggen gehen und Sie wissen, dass Ihnen das schwerfallen wird, dann nehmen Sie sich doch Folgendes vor: Sobald Sie aus dem Bett aufstehen, ziehen Sie sich erst nur einmal Ihre Joggingsachen an. Das an sich kostet Sie noch keine große Überwindung und Sie können es sich relativ leicht angewöhnen. Sobald Sie aber Ihre Sportkleidung tragen, ist es viel leichter, sich tatsächlich zum Joggen aufzuraffen. Auch das kann wieder ein Automatismus werden: Wenn ich meine Sportsachen anhabe, dann gehe ich auch

Joggen. Ganz einfach! Aber stellen Sie sich vor, Sie müssten auf dem Bett aufstehen und sich sofort überwinden, Joggen zu gehen. Das ist viel schwieriger. Durch den zweifachen Trigger können Sie sich da ein bisschen austricksen.

Sie dürfen keine Zeit verlieren

Wie oben schon erwähnt: Sie sollten Ihren Trigger so wählen, dass Sie sofort in Ihre Gewohnheit starten können. Von der Arbeit nach Hause zu kommen, ist kein guter Trigger, um ins Fitnessstudio zu gehen, wenn Sie zuerst noch Ihre Sporttasche packen müssen. Überdenken Sie den Prozess schon im Voraus und bereiten Sie alles so vor, dass Sie nach Ihrem Trigger innerhalb von 20 Sekunden mit Ihrer neuen Routine loslegen können. Packen Sie also in diesem Fall am besten Ihre Sporttasche schon am Abend vorher.

Integrieren Sie Ihre neue Gewohnheit in eine bestehende Routine

Oftmals ist es einfacher, sich keinen neuen Auslösereiz zu suchen, sondern den einer Gewohnheit zu nutzen, die man schon hat. Man integriert einfach die neue Gewohnheit in eine alte - so hält man sie auch leichter durch. Denn man muss sich nichts ganz Neues angewöhnen, sondern nur eine Ergänzung. Will man zum Beispiel anfangen, täglich Zeitung zu lesen, sucht man sich vielleicht einen Zeitpunkt, wo man eh gemütlich mit einem Kaffee irgendwo sitzt und plant sich das Zeitunglesen für diese Zeit ein. Oder man macht seine geplanten fünfzig Kniebeugen beim Zähneputzen, oder lernt seine Spanisch-Lektion auf der täglichen Zugfahrt zur Arbeit, ... - der Trigger ist dann derselbe wie für die andere Gewohnheit.

Ersetzen Sie eine alte Routine durch eine neue

Wenn Sie eine Gewohnheit haben, die Sie ohnehin loswerden wollen, können Sie vielleicht auch die alte Routine mit der neuen ersetzen. Damit können Sie den Trigger der alten Gewohnheit einfach weiterverwenden und ändern nur das, was Sie daraufhin tun. Zum Beispiel landen Sie abends nach dem Essen immer auf dem Sofa und schauen fern. Stattdessen nehmen Sie sich in Zukunft vor, ein Buch zu lesen. Der Trigger ist dann ebenfalls das Ende des

Abendessens, Sie können sich sogar ebenfalls aufs Sofa setzen - nur nehmen sie statt der Fernbedienung ein Buch zur Hand. Damit schlagen Sie zwei Fliegen mit einer Klappe: Sie werden eine unerwünschte Gewohnheit los und schaffen sich eine gute neue.

Machen Sie sich Ihren Auslösereiz bewusst

In manchen Fällen ist es schwierig, den Trigger für Gewohnheiten zu finden, die man schon hat. Dabei geht es meistens nicht um die Gewohnheiten, die man zu einer festen Zeit jeden Tag durchführt, sondern um welche, mit denen man immer wieder zwischendurch auf bestimmte Situationen reagiert. Zum Beispiel werden Sie bei Kleinigkeiten schnell sehr wütend und wollen sich das abgewöhnen. Wie aber finden Sie heraus, was dafür der Auslösereiz ist? Was führt dazu, dass Sie in einer Situation wütend werden und in einer anderen nicht? Damit Sie die Gewohnheit erfolgreich umprogrammieren können, müssen Sie den Trigger kennen. Sonst rutschen Sie viel schneller unterbewusst in die Routine als Ihr Verstand es verhindern kann. Dafür gibt es einen Trick: Nehmen Sie sich einen Haargummi oder ein Gummiband und tragen Sie ihn um Ihr Handgelenk. Jedes Mal, wenn Sie merken, dass Ihr Handlungsprogramm beginnt - also zum Beispiel wenn Sie den Ärger hochkochen fühlen - wechseln Sie den Haargummi auf Ihr anderes Handgelenk. So schärfen Sie Ihre Aufmerksamkeit für den Auslösereiz. Und wenn Sie den erst kennen, fällt es Ihnen leichter, ihn mit etwas anderem zu verknüpfen - zum Beispiel mit einem tiefen Durchatmen.

Übrigens: Ein anderer Tipp, um alte Gewohnheiten loszuwerden, ist die Zwei-Minuten-Regel. Genauso wie Sie bei einer neuen Routine nur höchstens 20 Sekunden brauchen dürfen, um nach dem Trigger mit der Gewohnheit zu beginnen, sollten Sie dafür sorgen, dass es bei einer unerwünschten Gewohnheit mindestens zwei Minuten sind. Damit Sie eine Routine effektiv loswerden, sollten Sie es sich so schwer wie möglich machen, damit zu beginnen. Das bedeutet: Bauen Sie sich eine Hemmschwelle ein und zwar am besten eine, die Sie nicht in ganz kurzer Zeit überwinden können. Zum Beispiel könnten

Sie die Fernbedienung Ihrer Nachbarin geben, wenn Sie mit dem Fernsehen aufhören wollen. Vermutlich werden Sie sich hüten, vor ihr zuzugeben, dass Sie Ihrem Vorsatz untreu werden. Und selbst wenn, dauert es mindestens zwei Minuten, die Fernbedienung zurückzuholen. Vielleicht ist bis dahin Ihre Entschlossenheit, dranzubleiben, schon wieder zurück!

Ihr Weg zur perfekten Morgenroutine

Mein Wecker klingelt. Argh, es ist noch viel zu früh! Gestern Abend ist es schon wieder zu spät geworden. Wieso schaffe ich es nie, rechtzeitig schlafen zu gehen!? Ich drücke die Snooze-Taste. Fünf Minuten später: Der Wecker klingelt wieder. Ich bin immer noch so müde. Was steht mir heute bevor? Eine Menge Arbeiten und dieser unangenehme Anruf bei der Bank ... bei dem Gedanken vergeht es mir schon jetzt. Snooze. Nach fünf Minuten klingelt der Wecker erneut. Nein, immer noch zu früh. Snooze. Zu der Zeit, zu der ich mich endlich aus dem Bett quäle, ist es schon viel zu spät. Ich schaffe es gerade noch, mich anzuziehen und meine Zähne zu putzen. Dann haste ich los zur Arbeit. An Frühstück ist nicht mehr zu denken. Und trotzdem komme ich abgehetzt ins Büro. Der Tag fängt ja toll an!

Mein Wecker klingelt. Huch, ist es wirklich schon Morgen? Naja, immerhin bin ich gestern einigermaßen rechtzeitig ins Bett gekommen. Müde bin ich trotzdem. Aber ich habe etwas, worauf ich mich freuen kann: Wenn ich eine Viertelstunde nach Weckerklingeln am Esstisch sitze, habe ich noch genug Zeit, gemütlich bei einem Kaffee die heutigen Nachrichten zu lesen oder eine Lektion Spanisch zu lernen - das macht mir im Moment richtig Spaß. Dafür lohnt es sich, mich jetzt aus dem Bett zu quälen. Und ich weiß schon, wie ich am schnellsten wach werde: Erst einmal ordentlich strecken und ein Glas Wasser trinken. Dann ziehe mich an und putze mir die Zähne. Geschafft! Nach 15 Minuten sitze ich mit meinen Spanisch-Sachen und einem Kaffee am Tisch. Dieser gemütliche Start in den Tag tut mir gut. Ich kann mich in Ruhe auf den Tag einstellen, der gerade beginnt.

Das sind zwei Szenarien aus meinem eigenen Leben, die durchaus ziemlich genau so vorkommen. Ich bin nun einmal eine

Nachteule und früh aufzustehen fällt mir schwer. Aber ich weiß, dass ich leichter aus dem Bett komme, wenn ich eine fixe Morgenroutine habe: Eine ganz knappe Deadline, bis zu der ich auf den Beinen sein muss. Etwas Motivierendes, für das ich gerne aufstehe, bevor mein Tag richtig beginnt. Einen festgelegten kleinen Ablauf der Dinge, die ich zuallererst tue. Das muss völlig klar sein, denn wenn ich in meiner Müdigkeit anfange, darüber nachzudenken, brauche ich ewig. Bei Ihnen kann das, was Sie am Morgen brauchen, ganz anders aussehen. Aber eines haben wir alle gemeinsam: Eine festgelegte Morgenroutine tut uns gut. Sie hilft uns beim Aufstehen. Sie regelt unsere nebensächlichen Entscheidungen, während wir noch zu müde sind, um sie selbst zu treffen. Und sie sorgt dafür, dass wir so in den Tag starten, wie es uns guttut, und nicht jeden Tag wieder gehetzt auf der Arbeit ankommen, weil wir vorher Zeit vertrödelt haben. Sie können nur selbst herausfinden, welche Morgenroutine Ihnen guttut. Alles, was Sie brauchen, sind ein paar Ratschläge und Ideen. Wie kann eine perfekte Morgenroutine aussehen? Was sollte auf jeden Fall dabei sein? Und was auf gar keinen Fall?

Raus aus dem Bett - diese Gewohnheiten helfen beim Aufstehen

Fällt Ihnen das Aufstehen auch so schwer wie mir? Keine Sorge, ich habe inzwischen ziemlich viel Erfahrung mit Aufstehtricks und stelle Ihnen hier die wichtigsten vor:

Regelmäßigkeit hilft

Das ist zwar absolut nicht mein liebster Aufstehtrick, aber alle Expertinnen und Experten empfehlen ihn. Also können Sie sich darauf verlassen, dass er tatsächlich gut funktioniert! Stehen Sie jeden Tag zur selben Zeit auf. Ihr Körper wird sich an Ihren Rhythmus gewöhnen und morgens viel leichter aus dem Bett kommen. Idealerweise sollten Sie auch am Wochenende nicht viel später aufstehen als unter der Woche - maximal 30 Minuten. Das sorgt dafür, dass sich Ihr Organismus bestmöglich auf den Rhythmus einstellt. Wenn Sie dann einmal später aufstehen, weil Sie am Abend vorher noch lang mit Freunden unterwegs waren, macht es auch nichts. Solange Sie ansonsten Ihrer Routine treu bleiben, ist ab und zu eine Ausnahme kein Problem. Und denken Sie sich nur, wie gemütlich Sie auch am Wochenende in den Tag starten können, wenn Sie schon eine Stunde Zeit haben zu lesen oder Sport zu machen, bevor alle anderen den Tag beginnen.

Don't snooze!

Das klingt vielleicht hart, aber: Gewöhnen Sie sich das Snoozen ganz und gar ab! Die Snooze-Funktion Ihres Weckers ist ziemlich gefährlich. Es ist allzu leicht, eine halbe Stunde zu versnoozen. Dadurch aber verlieren Sie nur Zeit. Viel wacher sind Sie danach auch nicht, denn schließlich wurden Sie ja alle fünf Minuten aus dem Schlaf gerissen. Am besten ist es also, Sie verbieten sich gleich ganz, die Snooze-Funktion zu benutzen. Dann müssen Sie einfach aufstehen - und wenn Sie müssen, werden Sie es auch schaffen.

Zeigen Sie Ihrem Körper, dass es losgeht

Es ist erstaunlich, wie leicht sich unser Körper austricksen lässt. Er wird gerade aus dem Schlaf gerissen und entsprechend fühlen wir uns todmüde. Aber ganz kleine Dinge können ihm signalisieren: "Jetzt geht es los! Es ist Zeit zum Aufstehen." Mein Lieblingssignal an meinen Körper ist es, mich gleich nach dem Aufwachen ausgiebig zu strecken. Warum? Ich kann dabei noch im Bett liegen bleiben. Wenn Sie aber lieber ein paar Situps oder Dehnübungen machen, erfüllt das den gleichen Zweck. Und es funktioniert wirklich! Nachdem ich mich ordentlich gestreckt habe, fühle ich mich gleich wacher und bin bereit aufzustehen.

Motivieren Sie sich zum Aufstehen

Ich habe es oben bereits angedeutet: Mir persönlich fällt es sehr schwer aus dem Bett zu kommen, wenn ich nur daran denke, was ich heute alles tun muss. Aufzustehen in einen Tag voller Aufgaben hinein - das ist ein echter Kampf. Aber wenn ich mir vor den Pflichten des Tages etwas Schönes einplane, freue ich mich darauf und bin motiviert aus dem Bett zu kommen. Das ist mein persönlicher Aufsteh-Trick. Denn sobald ich einmal wach bin, fühlen sich auch meine Aufgaben gar nicht mehr so schlimm an. Was ist es, dass Sie morgens motivieren könnte aufzustehen? Ein gutes Frühstück mit Rührei? Zeitung lesen? Ein kurzer Spaziergang? Zwanzig Minuten mit einem guten Buch? Es gibt viele Möglichkeiten und ich bin mir sicher, Sie haben schon eine Idee, was es bei Ihnen sein könnte. Also probieren Sie es doch aus und schauen, ob mein Trick auch für Sie funktioniert?

Machen Sie Ihr Bett

"Wie bitte?", fragen Sie sich jetzt vielleicht, "Was geht es irgendjemanden an, ob ich mein Bett mache?" Das wirkt vielleicht nicht gerade wie ein wichtiges Element Ihrer Morgenroutine, aber ich versichere Ihnen: Es kann eine große Auswirkung haben. Vielleicht sind Sie ohnehin so gewissenhaft, dass Sie das immer tun. Aber falls nicht: Probieren Sie es einmal aus. Obwohl es nur eine so kleine und unwichtige Sache ist, gibt es Ihnen das Gefühl, Ihren Tag und Ihr Leben unter Kontrolle zu haben. Wenn Sie sich das jeden Morgen signalisieren, werden Sie sich auch mehr so fühlen und viel mehr entsprechend verhalten. Sie gehen also verantwortungsvoller mit Ihrem Leben um und handeln disziplinierter. Das ist doch einen Versuch wert, oder?

Voll Energie in den Tag – Morgensport

Bewegung am Morgen

Das ist mein absoluter Lieblingstipp für die Morgenroutine. Wenn Sie energiegeladen in den Tag starten und motiviert auf der Arbeit erscheinen wollen - dann machen Sie am Morgen Sport. Danach sind Sie garantiert wach und aktiv. Und richtig leistungsfähig. Es muss ja gar nicht die einstündige Joggingrunde sein! Auch zwanzig Minuten Stretching oder Yoga geben Ihnen schon Energie, wenn Sie sich zu etwas Aktiverem am Morgen nur schwer aufraffen können. Es gibt aber eine Menge verschiedener Möglichkeiten, je nachdem was Ihnen am meisten Spaß macht oder Sie - für den Anfang - am wenigsten Überwindung kostet. Mit der Zeit können Sie, wenn Sie noch aktiver werden möchten, umsteigen auf anspruchsvollere oder längere Sporteinheiten. Gut für den Anfang (oder für Leute, die sich nur schwer aufraffen können, nach draußen zu gehen oder richtigen Konditionssport zu machen) ist Yoga. Es gibt eine Menge Apps und YouTube-Videos, die Ihnen dabei helfen, daheim Yoga zu machen. Auch Dehnübungen tun Ihrem Körper gut und machen Sie wach. Dazu finden Sie im Internet jede Menge Anleitungen und Videos. Wenn Sie gerne daheimbleiben, aber etwas Aktives machen möchten, probieren Sie doch ein Workout aus. Es gibt auf YouTube Videos mit Workouts von verschiedener Länge und unterschiedlichem Schwierigkeitsgrad. Ganz sicher ist auch für Sie das Richtige dabei. Und Sie brauchen in der Regel nur zwei bis vier Quadratmeter Platz in Ihrer Wohnung und können loslegen! Wenn Sie gerne draußen sind und Sport an der frischen Luft machen, ist vielleicht eine Runde Joggen ideal für Sie. Oder wenn Sie als Motivator andere Menschen um sich herum brauchen, die auch Sport machen, versuchen Sie es doch einmal mit einer morgendlichen Session im Fitnessstudio. Egal was, egal wie - Hauptsache, Sie tun es. Denn Bewegung am Morgen tut Ihnen richtig gut. Ganz sicher!

Danach: eine kalte Dusche

Eine kalte Dusche - das klingt ziemlich ungemütlich! Aber da Sie nach dem Sport ohnehin duschen müssen, könnten Sie es einfach einmal ausprobieren. Eine kalte Dusche tut Ihrem Kreislauf gut und bringt ihn in Schwung. So bleiben Sie nach dem Morgensport wach und fit.

Wie ein Kaiser - Tipps für Frühstück & Co

Ihr Körper braucht Flüssigkeit

Während der sechs bis acht Stunden, die Sie schlafen, verliert Ihr Körper Wasser. Er dehydriert, weil Sie in dieser Zeit keine Flüssigkeit zu sich nehmen. Deswegen ist das Beste, was Sie am Morgen für Ihren Körper tun können, ein großes Glas Wasser zu trinken. Einige schwören auf lauwarmes Wasser mit etwas Zitrone darin. Aber auch normales Wasser erfüllt den Zweck: Ihr Körper hat wieder Flüssigkeit und Sie fühlen sich gleich wacher und fitter.

But first: Coffee

Meine größte Motivation aufzustehen ist, mir gleich einen Kaffee zu machen und mich erst einmal gemütlich an den Esstisch zu setzen. Das ist meistens eine der ersten Sachen, die ich am Morgen tue und sie tut mir wirklich gut. Andere sagen, man sollte eigentlich nach dem Aufstehen anderthalb Stunden gar keinen Kaffee trinken, weil der Körper sich da ohnehin noch "selbst aufweckt". Auch da ist sicher etwas Wahres dran. Probieren Sie am besten aus, was für Sie funktioniert.

Gesundes Frühstück

Ein richtig gutes, gesundes Frühstück ist ein sehr sinnvoller - und schöner! - Teil der Morgenroutine. Ein Müsli mit Obst, ein Rührei oder ein Vollkornbrot mit Käse und Tomate lassen Sie mit Energie in den Tag starten. Und Sie haben einen Moment "Ruhe vor dem Sturm", in dem Sie gemütlich beim Essen sitzen können, bevor der Tag losgeht.

Was passiert in der Welt?

Eine weitere gute Gewohnheit, die Sie zum Beispiel wunderbar mit Ihrem Frühstück verbinden können, ist es, sich am Morgen zu informieren, was so passiert ist: in der Welt, im eigenen Land oder in der Region. Ob Sie eine Tageszeitung abonniert haben oder sich lieber online durch die Nachrichten klicken, ist dabei egal.

Ihr Motivationskick am Morgen - für gute Stimmung und Produktivität

Lächeln Sie

Wussten Sie, dass die Phrase „fake a smile" weiterreicht als dahin, nur fröhlich auszusehen? Denn Sie werden tatsächlich fröhlicher, wenn Sie ein Lächeln „fälschen". Ihre Stimmung folgt Ihrer Haltung. Sie heben also Ihre Stimmung, indem Sie sich bewusst dazu überwinden zu lächeln, auch wenn Ihnen nicht danach ist. Und Sie fühlen sich selbstsicherer, wenn Sie eine Körperhaltung einnehmen, die Selbstbewusstsein ausdrückt. Das kann in Ihrer Morgenroutine ziemlich hilfreich sein. Und so einfach können Sie es integrieren: Sie richten sich auf, heben selbstbewusst Ihren Kopf und lächeln. In dieser Haltung bleiben Sie etwa eine Minute. Am besten schließen Sie dabei auch die Augen, dann sind Sie weniger abgelenkt und der Trick funktioniert besser. Anschließend werden Sie sich selbstsicherer und fröhlicher fühlen – genau das, was Sie mit Ihrer Haltung ausgedrückt haben. Das jeden Morgen nach dem Aufstehen zu tun, kann einen Einfluss auf Ihre Stimmung und Ihren Erfolg während des ganzen Tages haben und damit Ihr Leben wirklich positiv beeinflussen.

Machen Sie Stimmung

Wer am Morgen eher trantütig unterwegs ist und sich schwertut, aktiv zu werden, könnte es mit diesem ganz einfachen Trick versuchen: Schalten Sie Musik an! Gerade fröhliche Musik am Morgen hat ein großes Potenzial, Sie in Schwung zu bringen und Ihre Stimmung zu heben.

Handyfreie Zone

Vermeiden Sie es in der ersten Stunde nach dem Aufstehen, Ihr Handy oder Ihren Laptop zur Hand zu nehmen. Die Versuchung ist groß, gleich auf Nachrichten checken, Mails beantworten oder etwas arbeiten zu wollen – vor allem falls Sie freiberuflich arbeiten. Aber auch die Gefahr ist groß, dass Sie dann hängenbleiben und über der Zeit am Handy oder Computer den Rest Ihrer Morgenroutine vergessen. Oder Sie rutschen gleich am Morgen in eine gestresste Haltung hinein, weil Sie sich schon von Ihren geschäftlichen E-Mails vereinnahmen lassen. Das kann stressen. Und es ist auf jeden Fall kein Start in den Tag, der Ihnen guttut und Kraft gibt für die vor Ihnen liegenden Stunden. Ihre E-Mails und Nachrichten können auch noch eine Stunde warten. Dafür widmen Sie sich Ihnen dann mit Energie und guter Laune anstatt müde und gestresst.

Planen Sie Ihren Tag

Wenn Sie ohne Planung in Ihren Tag hineinstolpern, können Sie fast nur verlieren. Meistens liegen mehr Aufgaben vor Ihnen, als Sie an dem Tag tatsächlich bewältigen können. Nehmen Sie sich allerdings am Morgen einen Moment Zeit, um zusammenzutragen, was Sie (beruflich und privat) auf Ihrer Agenda haben, haben Sie schon halb gewonnen. So können Sie priorisieren, was am wichtigsten ist, und können sich einen groben Tagesplan machen. Das steigert Ihre Chancen sehr, dass Sie tatsächlich die wichtigsten Dinge des Tages schaffen – selbst wenn Sie dann an ein der einen oder anderen Stelle Ihren Plan wieder umwerfen müssen, weil etwas dazwischenkommt.

Erinnern Sie sich daran, wo Sie hinwollen

Schon mehrmals habe ich einen Tipp gehört, den ich sehr spannend finde: Erinnern Sie sich jeden Morgen in ihrer Morgenroutine an Ihre Ziele und daran, was für ein Mensch Sie sein möchten. Dann wird es Ihnen untertags leichter fallen, Ihre kleinen und großen Entscheidungen demensprechend zu treffen. Das kann zum Beispiel so gehen: Sie visualisieren Ihre Ziele – zum Beispiel auf einem Whiteboard oder einer Pinnwand. (Es tut aber im Zweifelsfall auch eine Zeichnung oder Notizsammlung auf einem Blatt Papier oder in einem Heft.) Das können kurzfristige und langfristige Ziele sein, konkrete berufliche Erfolge oder Persönlichkeitseigenschaften, die Sie entwickeln wollen. Stellen Sie sich am Morgen eine Minute vor Ihr Whiteboard (oder nehmen Sie ihr Heft zu Hand) und lesen Sie sich die Ziele vor. Holen Sie sich ein Bild davon vor Ihr inneres Auge, was für ein Mensch Sie sein möchten, wie sich diese Art Mensch verhält und worauf Sie hinarbeiten. Sie werden merken – während des Tages werden sie viel häufiger bewusst an Ihre Ziele denken und auch unterbewusst mehr dahingehend handeln.

Welche Routinen Sie im Laufe des Tages einplanen sollten

Herzlichen Glückwunsch! Sie haben jetzt alles, was Sie brauchen, um gut in den Tag starten zu können. Aber auch danach gibt es noch einige Dinge, die Sie sich als Routine angewöhnen können und die Ihre Produktivität steigern oder Ihnen guttun können.

Mehr Produktivität bei der Arbeit

Mit dem Wichtigsten beginnen

Wie leicht verbringt man die ersten Stunden des Tages mit E-Mails, Anrufen und Kleinzeug! Dabei ist das bei den meisten Menschen die produktivste Zeit des Tages. Deshalb sollten Sie sich für den Morgen Ihre größten Aufgaben einplanen. Die meisten Ihrer Mails können auch bis Mittag warten. Vielleicht können Sie ja am Morgen kurz checken, ob etwas dabei ist, was keinesfalls warten kann, und den Rest kurz vor der Mittagspause beantworten?

Ihr Mittagstief austricksen

Die meisten von uns haben nach dem Mittagessen ein Tief und sind unproduktiv. Zum Glück lässt sich dieses Tief austricksen! Planen Sie sich doch für den frühen Nachmittag Besprechungen und Anrufe fix ein - dann haben Sie keine Ausrede. Und der Kontakt mit anderen hilft Ihnen, sich trotz Mittagstief zu konzentrieren.

Gute Zeitplanung

Planen Sie Ihren Tag weise: Machen Sie am Morgen eine To-Do-Liste, priorisieren Sie die Aufgaben, planen produktive Zeiten und - ganz wichtig! - auch Pausen fest ein. Außerdem sollten Sie eine halbe Stunde "Problempuffer" in Ihren Tagesplan schreiben, denn es gibt immer wieder Sachen, die unerwartet aufkommen, länger dauern als erwartet oder Probleme, die Sie sofort lösen müssen. Wenn Sie einen Problempuffer haben, bringt das nicht mehr Ihren ganzen Tag aus dem Takt.

Ganz entscheidend - die Freizeit

Ihr Feierabend ist wichtig

Ihre Freizeit sollte nicht zu kurz kommen. Es kann sein, dass man gelegentlich einmal länger arbeiten muss, aber wenn Sie auf Dauer nicht genug Zeit für sich haben, tut das Ihnen nicht gut, und damit auch Ihrer Arbeit nicht. Planen Sie sich Ihre Freizeit also fest ein. Sie sollten auch bewusst schöne Dinge ausmachen, damit Sie nicht den ganzen Abend mit kleinen Aufgaben vertrödeln, die Sie nicht entspannen, aber auch nicht wirklich produktiv sind. Am besten suchen Sie sich ein sinnvolles Hobby: Lesen, Fotografieren, Sport, etwas Neues lernen, ... Wenn Sie Ihr Gehirn irgendwie stimulieren, rutschen Sie nicht in eine Gammelhaltung, sondern sind am Ende entspannt und zufrieden.

Gesund essen und genug trinken

Zwei Dinge, die Sie sich leicht angewöhnen können und die einen ganz entscheidenden

Einfluss auf Ihr Wohlbefinden haben, sind gesundes Essen und genügend Flüssigkeit. Regelmäßig selbst zu kochen und sich einen gesunden Ort für Ihr Mittagessen zu suchen, sind ein guter Schritt in diese Richtung. Um genug zu trinken hilft es mir persönlich, eine Karaffe und ein Glas an meinem Arbeitsplatz stehen zu haben. Beide fülle ich nach, sobald sie leer sind - und zwar unverzüglich. Dadurch trinke ich wesentlich mehr als früher.

Entwickeln Sie sich weiter

Eine Gewohnheit, die Sie tatsächlich weiterbringt, ist, etwas für Ihre persönliche Entwicklung zu tun. Das kann ganz unterschiedlich aussehen: Sie können ein Erfolgstagebuch führen, sich selbst regelmäßig reflektieren oder aufschreiben, wofür Sie dankbar sind. Sie können etwas Neues lernen, sich einen Mentor suchen oder Ihr Wissen mit anderen teilen. Nehmen Sie sich etwas vor - zum Beispiel, Nein sagen zu lernen. Gehen Sie (buchstäblich) neue Wege und seien Sie aufmerksam, was Sie dabei entdecken. Umgeben Sie sich bewusst mit Menschen, die klüger, herzlicher, strukturierter sind als Sie und die Ihnen dadurch ein Vorbild sein können, Ihrem konkreten eigenen Ziel näherzukommen. Es gibt unzählige Möglichkeiten!

Ideen und Tipps für Ihre Abendroutine

Etwa 42 % der Deutschen leiden unter Schlafproblemen. Das ist vielleicht kein akutes Problem, wenn die Schlafstörungen nur leicht sind, aber Sie werden trotzdem gestresster und weniger fokussiert sein, wenn Sie schlecht schlafen. Ihr Immunsystem leidet, da es sich während des Schlafs stabilisiert. Sie nehmen leichter an Gewicht zu und Ihr Körper hat weniger Zeit, Nervenzellen zu verknüpfen, Eindrücke zu sortieren, Zellen zu regenerieren, Proteine aufzubauen und Hormone auszuschütten. Man unterscheidet übrigens in die sogenannten "guten Schläfer" (zwei Drittel) und die "sensiblen Schläfer" (ein Drittel). Letztere lassen sich durch Geräusche, fremde Betten und eine veränderte Temperatur schnell in Ihrem Schlaf stören und sind anfällig für chronische Schlafstörungen. Wer zu welcher Gruppe gehört, ist genetisch bedingt. Aber die gute

Nachricht ist: Sie können durch Ihre Abendroutine sicherstellen, dass Sie mit den bestmöglichen Voraussetzungen für guten Schlaf zu Bett gehen.

Be prepared - Vorbereitung für morgen

Aufräumen

Wenn Sie äußerlich aufräumen, kommen Sie auch innerlich zur Ruhe. In einer ordentlichen Umgebung einzuschlafen, gibt Ihnen ein sichereres Gefühl - und natürlich ist es auch am Morgen schöner, aufzuwachen und ein ordentliches Zimmer zu sehen. Deshalb ein Tipp für eine gute Abendroutine: Machen Sie einen Rundgang durch Ihre Wohnung und nehmen Sie ein Tablett oder einen Wäschekorb mit. Sie sammeln zunächst einmal alles ein, was herumliegt. Anschließend bringen Sie die Dinge an Ihren Platz.

Körperliche Vorbereitung für den nächsten Tag

Am Morgen sind Sie normalerweise müde. Deshalb sparen Sie sich Zeit und Energie, wenn Sie bereits am Abend vorher einige Dinge vorbereiten, die Sie am Morgen dann nicht mehr tun müssen. Sie könnten sich schon einmal überlegen, welche Kleidung Sie am nächsten Tag anziehen möchten und Sie bereitlegen. Sie könnten sich Dinge, die Sie mit zur Arbeit nehmen müssen, gleich in Ihre Tasche packen. Und Sie könnten sich ein Glas Wasser neben Ihr Bett stellen, damit Sie morgen früh sofort eine Erfrischung für Ihren Körper haben und schneller wach werden.

Gedankliche Vorbereitung für morgen

Auch innerlich können sie sich auf den nächsten Tag vorbereiten: Schreiben Sie doch schon einmal Ihre To-Do-Liste für morgen. Dann sind Sie die Dinge gleich los und können Sie aus Ihren Gedanken verbannen. Und nehmen Sie sich einen Moment Zeit, sich die Erfolge des kommenden Tages vorzustellen: Was werden Sie erreichen? Welche Aufgabe werden Sie abschließen? So gehen Sie mit einem besseren Gefühl ins Bett und schaffen sich eine positive Sicht auf den nächsten Tag.

Abends zur Ruhe kommen - Meditieren

Meditieren

Einer meiner wichtigsten Tipps für eine gute Abendroutine ist: Nehmen Sie sich Zeit zum Meditieren. Das hat den Zweck, dass Sie sich entspannen, runterfahren und bereit werden zum Schlafengehen. Es gibt zum Beispiel eine Technik aus Yoga, die sich super in eine kleine Abendmeditation einbauen lässt: die 4-7-8-Technik. Setzen Sie sich mit geradem Rücken hin. Die Zungenspitze legen Sie an den oberen Gaumen, direkt hinter den Schneidezähnen. Schließen Sie den Mund. Nun atmen Sie vier Sekunden lang ein, halten dann sieben Sekunden die Luft an und lassen schließlich den Atem acht Sekunden lang wieder hinausströmen, an Ihrer Zunge vorbei. Auf welche Art Sie meditieren, ist eigentlich nicht so wichtig. Es gibt einige gute Apps, Bücher oder YouTube-Videos, die Ihnen dabei helfen können. Am besten probieren Sie selbst aus, was für Sie funktioniert. Das kann zum Beispiel auch ein Gebet sein oder ein mentales Sammeln der Dinge, für die Sie an diesem Tag dankbar sind.

Auf jeden Fall wichtig: Schalten Sie herunter

Die Hauptsache ist, Sie schalten einen Gang herunter. Versetzen Sie Ihr Handy in den Sleep-Modus, lassen Sie den Computer aus, beschäftigen Sie sich nicht mehr mit Ihrer Arbeit. Lesen Sie ein gutes Buch, reflektieren Sie den Tag oder tun Sie etwas anderes, das Sie den Tag gut abschließen und zur Ruhe kommen lässt.

Gute Nacht - diese Routinen unterstützen einen erholsamen Schlaf

Feste Schlafenszeiten

Gehen Sie rechtzeitig schlafen. Genügend Schlaf - etwa sieben Stunden - ist entscheidend. Wichtig ist aber auch, dass Sie zu regelmäßigen Zeiten ins Bett gehen. Ihre Schlafenszeit sollte an jedem Tag etwa gleich sein. Dann gewöhnt sich Ihr Körper daran und Sie schlafen besser. Außerdem sollten Sie schlafen gehen, sobald Sie müde werden. Wenn Sie nämlich warten, überwinden Sie irgendwann den "toten Punkt". Danach sind Sie wieder wach und werden nur schlecht einschlafen können. Stellen Sie sich doch einen Wecker auf etwa eine Stunde, bevor Sie schlafen gehen möchten. Dann haben Sie noch genügend Zeit für eine gute Abendroutine. Und Sie vergessen nicht aus Unachtsamkeit, wie spät es schon ist und dass Sie längst im Bett sein wollten.

Abschalten

Schalten Sie zwei Stunden, bevor Sie zu Bett gehen, Ihre elektronischen Geräte aus. Laptop und Handy erzeugen Ihre Helligkeit über Leuchtdioden, die blaues Licht ausstrahlen. Die Wellenlängen dieses Lichts machen Sie wach. Wenn Sie also gut schlafen möchten, sollten Sie die letzten zwei Stunden Ihres Tages ohne Laptop und Handy verbringen. Zum Beispiel mit einem guten Buch? Damit Sie auch gedanklich abschalten können: Legen Sie sich doch einen Notizblock direkt neben das Bett. Wenn Ihnen dann beim Einschlafen ein Gedanke einfällt, der wichtig ist und den Sie nicht vergessen wollen, schreiben Sie ihn auf. So können Sie ihn guten Gewissens loslassen und abschalten für die Nacht.

Unterstützen Sie Ihren Schlaf mit der richtigen Ernährung

Damit Sie gut schlafen, muss auch Ihr Körper vorbereitet sein. Sie sollten nicht vollgestopft sein mit Essen, denn dann schlafen Sie unruhig. Nehmen Sie also am Abend nur noch eine leichte Mahlzeit zu sich, damit Ihre Verdauung nicht zu beschäftigt ist. Sie können Ihren Körper auch mit einem Gute-Nacht-Drink darauf vorbereiten und ihm signalisieren, dass es jetzt Schlafenszeit ist. Das kann eine heiße Milch mit Honig sein oder ein Einschlaftee. Wenn Sie häufig am Abend noch naschen und sich schwertun, das abzustellen, putzen Sie sich doch frühzeitig die Zähne, zum Beispiel direkt nach dem Abendessen. Sie werden keine Lust haben, die Zähne später noch einmal zu putzen und deswegen in der Zeit bis zum Schlafengehen auf Snacks verzichten.

Kurz und knapp:

Die wichtigsten Infos und Tipps zusammengefasst

Nun wissen Sie eigentlich schon alles, was Sie wissen müssen, um eine Tagesroutine einzuführen, die Ihnen einen Productivity-Boost gibt: Wie Routinen entstehen, warum und in welchen Situationen sie eine tolle Sache sind und wie Sie sich am besten eine Routine angewöhnen können. Außerdem haben Sie jede Menge Ideen für Ihre Morgen- und Abendroutine bekommen - von Morgensport bis Abendmeditation -, die Sie ausprobieren und für sich anpassen können. Weil Sie aber jetzt schon so viel gelesen haben, hier noch einmal eine kleine Zusammenfassung der wichtigsten Fakten und Tipps in ein paar Stichpunkten:

So funktionieren Routinen:

- Man erhält positives Feedback für eine Handlung.
- Man wiederholt die Handlung.

- Die Handlung wird als automatisches Programm abgespeichert.
- Die Routine wird durch einen Trigger ausgelöst.

- Das automatische Programm läuft ab und der Körper spart Energie.
- Der Körper erwartet einen Reward.
- Routinen sind in einem sehr alten Gehirnteil gespeichert und funktionieren blitzschnell.

So können Routinen helfen:

- Gewohnheiten sorgen für Qualität und Sicherheit beim Handeln.
- Routinen strukturieren den Alltag.
- Gewohnheiten sparen Energie und Zeit.
- Routinen machen glücklich.
- Neue Gewohnheiten können alte, unerwünschte überschreiben.
- Routinen eignen sich für wiederkehrende Situationen mit immer gleichen Bedingungen.

So entwickeln Sie eine Routine:

- Entdecken Sie Ihre Motivation
- Wählen Sie Ihren Trigger aus (20-Sekunden-Regel)
- Machen Sie es sich zur Gewohnheit
- Bauen Sie eine Belohnung ein (konkret, sofort, nicht zur Gewohnheit werden lassen)
- Schaffen Sie sich nur ein bis zwei neue Routinen auf einmal
- Beachten Sie die MMM-Regel (machbar, messbar, motivierend)
- Nutzen Sie Ihr soziales Umfeld
- Nutzen Sie bestehende Gewohnheiten oder Trigger

Ideen für Ihre Routine

Morgenroutine:

- kein Snooze
- Strecken zum Wachwerden
- Glas Wasser nach dem Aufstehen
- Etwas Motivierendes nach dem Aufstehen
- Morgensport

- Gesundes Frühstück
- Eine Minute Lächeln

Tagesroutine:

- Mit dem Wichtigsten beginnen
- Mittagstief austricksen
- Puffer einplanen
- Bewusst Freizeit einplanen
- Möglichkeiten zur Weiterentwicklung schaffen

Abendroutine:

- Leichte Mahlzeit
- Vorbereiten für morgen (physisch und psychisch)
- Keine Bildschirme in den letzten zwei Stunden vor dem Schlafengehen
- Meditieren

Sie sollten Ihre Tagesroutine zu etwas machen, das absolut nicht verhandelbar ist. Wenn Sie einen Flug erwischen müssen, schaffen Sie es auch, früh aufzustehen oder sich an Ihren Plan zu halten. Diesen Stellenwert sollten Sie auch Ihrer Tagesroutine geben - denn die tut Ihnen gut und macht Ihren Tag produktiver! Und denken Sie daran: Ich kann Ihnen nur hilfreiche Tipps geben und erzählen, was für mich gut funktioniert. Sie können dann ausprobieren, was Ihnen guttut und sich Ihre ganz eigene Routine zusammenstellen. Mein Tagesablauf wird für Sie nicht passen - aber wenn Sie Ihren eigenen schaffen, wird Ihnen das einen richtigen Productivity-Boost geben.

Ich wünsche Ihnen viel Erfolg und vor allem viel Freude beim Schaffen Ihrer Tagesroutine!

www.ingramcontent.com/pod-product-compliance
Lightning Source LLC
Chambersburg PA
CBHW020615220526
45463CB00006B/2591